कँटीले तार की तरह

कँटीले तार की तरह

हिन्दी कविता में नये स्वर

भूमिका **कुमार अम्बुज**

संपादक **संजय कुंदन**

वाम

पहला संस्करण, अक्टूबर 2021

वाम प्रकाशन
2254/2 ए, शादी खामपुर
न्यू रंजीत नगर
नयी दिल्ली – 110008

वाम प्रकाशन और लेफ़्टवर्ड बुक्स नया रास्ता पब्लिशर्स प्रा.लि. की प्रकाशन शाखाएँ हैं॥

leftword.com

ISBN 978-93-92017-01-8

Kantile Taar Ki Tarah:
Hindi Kavita Mein Naye Swar
Introduction by Kumar Ambuj
Edited by Sanjay Kundan

सूची

सूची

सूची

कविता कादम्बरी

श्रुति कुशवाहा

सतीश छिम्पा

आश्वस्ति के बीज

नवीनतम कवियों की कविताओं को देखने के कई तरीक़े हो सकते हैं। एक पाठक की तरह मैं कविता में उपस्थित उत्तराधिकार, भूगोल, काल, भावभूमि, आवेग और वैचारिकता को देखने-समझने की कोशिश कर सकता हूँ। भाषा माध्यम इसमें दिखता ही है। इस उक्ति को भी याद रखता हूँ – 'मस्तिष्क और हाथ के बीच, हृदय को सर्जनात्मक मध्यस्थ की भूमिका निबाहना चाहिए।' इन कविताओं को मैंने इसी रोशनी में पढ़ा है। इन्हें पढ़कर सोचते हुए मुझे यह भी लगा कि सूत्र वाक्य, सुभाषित या निकष में न्यून हो सकनेवाले वक्तव्य पूरी कविता में रह तो सकते हैं, उसे शक्ति भी दे सकते हैं लेकिन शायद वे कविता के अभीष्ट या निर्मिति के मूल अवयव नहीं हो सकते। जब तक कि केवल उन्हीं वाक्यों के लिए कविता न लिखी गयी हो। दुनिया, समाज और समय देखने के लिए कविता के पास क्या दृष्टि है। वह हर कविता में, विषय या प्रसंग अनुसार विरोधाभासी होकर बदल तो नहीं रही है। वह अर्जित है या अनुकरण और प्रचलन से प्राप्त है। एजरा पाउंड के आशय से कुछ अग्रगामी 'मेक इट न्यू' का उपक्रम कितना है। अभी तक जो प्राप्त किया जा चुका है, उस उपलब्धि और परंपरा से कितना, कैसा रिश्ता है।

यह भी याद रखना है कि कविता यह सब होते हुए भी एक कला माध्यम है। समकालीनता, ऐतिहासिकता, सामाजिकता, सार्वजनिकता, स्मृति, आगत और आत्म के कठिन समुच्चय से भी उसे गुज़रना है। भाषिक संजाल में न फँसते हुए, जीवन और साहित्य को क़रीब लाने की आकांक्षा के साथ। इसलिए बेहतर कविता तीनों काल अपने भीतर विन्यस्त करती है। यह विचार का अद्वैत ही होता है कि सही सामाजिक दृष्टि, एक सही राजनीतिक दृष्टि भी हो जाती है। या इसका उलट भी। इसलिए कविता एक बड़े साक्ष्य के रूप में चिह्नित की जाती रही है। कविताएँ कवियों के और कवि अपने समय के साक्ष्य बनते हैं। यह परस्परता, यह अन्योन्याश्रिता एक बहुआयामी संबंध है। फिर भाषा का वह रूप जिसमें जो कहा जा रहा है वैसा ही कुछ संप्रेषित भी हो सके। जिसे पाठक अपने नये भाष्य की तरह पढ़ सके।

कुमार अम्बुज

इस बात का प्रखर प्रवक्ता होते हुए कि कविता नियम या शास्त्र में नहीं बाँधी जा सकती, मैं उस नवीनता की प्रतीक्षा करता हूँ जो उद्वेलित कर दे, कुछ व्यग्र बना दे। नये कोण से चीज़ों को देखने के लिए बाध्य कर सके। नये विचारों के लिए प्रेरित करे। ये सब बातें सवालों की तरह मेरे दिमाग़ में लगातार उठती रहीं। इनमें से कई बिंदु यहाँ संकलित कविताओं में खोजे जा सकते हैं लेकिन अपने अधिकांश में वे कुछ और अधिक हो सकने की चाह पैदा करती हैं। विचारित कई ज़रूरी काव्यपक्ष इन कविताओं में नहीं भी दिख सकते हैं लेकिन जो हैं वे उपेक्षणीय नहीं हैं। एक सामान्य लक्षण यह है कि ये कविताएँ सामाजिक रूप से सजग हैं। विडंबनाओं, विषमताओं की सही पहचान करती हैं। उनकी लौकिकता द्रष्टव्य है। वे अपना समय दर्ज करती हैं। सवाल करती हैं।

कविता जिन सरोकारों से सामाजिक, नागरिक और अंतर्जगत का व्यक्तित्व बनती है, प्राय: वे इन कविताओं में जगह-जगह अभिव्यक्त हैं। ये किसान जीवन से लेकर नागर सभ्यता के नवीनतम संकटों को देखती हैं। लोकतांत्रिक, संवैधानिक अधिकारों, स्त्री अस्मिता के प्रश्न, समानता, प्रेम, स्वतंत्रता, सत्ता संरचनाओं की आलोचना के कार्यभार सहित सांप्रदायिकता एवं कविता की भूमिका की चिंताएँ इनमें व्याप्त हैं। अभिधा प्रधान है लेकिन कविताओं में वह ज़रूरी संदेह और आशा भी समाहित है जो कवियों की आगामी काव्ययात्रा के प्रति उत्सुक बना सकती है। निकट भविष्य में ये कवि अधिक परिपक्वता और अधिक संयत कहन, दृष्टिसंपन्न प्रतिबद्धता के साथ विकसित होंगे, इस आश्वस्ति के बीज भी यहीं बिखरे हुए हैं।

कविताओं या कवियों का पृथक विश्लेषण न तो अपेक्षित है और न इसकी गुंजाइश है। मैं उसका योग्य अधिकारी भी नहीं। लेकिन उम्मीद है कि यह प्रकाशन समुचित ध्यानाकर्षण करेगा। कवियों की जवाबदारी भी बढ़ाएगा। शामिल कवि देश के विस्तृत क्षेत्रफल का प्रतिनिधित्व करते हैं, सभी में कवियोचित चमक और संभावनाएँ हैं।

ये हिन्दी कविता की नयी आशाएँ हैं।

कुमार अम्बुज

भोपाल

फ़रीद ख़ाँ

पटना विश्वविद्यालय से उर्दू में एमए और भारतेंदु नाट्य अकादमी, लखनऊ से नाट्य कला में दो वर्षीय डिप्लोमा। मुंबई में टीवी और फिल्म के लिए पटकथा लेखन में सक्रिय। विभिन्न पत्र-पत्रिकाओं में कविताएँ प्रकाशित।

मुस्कुराहटें

हर कोई मुस्कुराता है
अपने-अपने अर्थ के साथ।
बच्चा मुस्कुराता है,
तो लगता है, वह निर्भय है।
प्रेमिका मुस्कुराती है,
तो लगता है, उसे स्वीकार है मेरा प्रस्ताव।
दार्शनिक मुस्कुराता है,
तो लगता है, व्यंग्य कर रहा है दुनिया पर।
भूखा मुस्कुराता है,
तो लगता है, वह मुक्त हो चुका है और पाने को पड़ी है
उसके सामने पूरी दुनिया।

जब अमीर मुस्कुराता है,
तो लगता है, शासक मुस्कुरा रहा है,
कि देश की कमज़ोर नब्ज़ उसके हाथ में है,
कि जब भी उसे मज़ा लेना होगा,
दबा देगा थोड़ा सा।

फ़रीद ख़ाँ

अफ़वाहों के कँटीले तार

अफ़वाहें कर रही हैं नेतृत्व।

लाल किले पर फहरायी जाती हैं अफ़वाह
और मिठाई बांटी जाती है लोगों में।

कल ही संसद में पेश की गयी एक अफ़वाह
दो तीन दिन बहस होगी उस पर
फिर पारित हो जायेगी क़ानून बनकर।

पुरातत्ववेत्ताओं ने खुदाई से निकाल कर दी हैं अफ़वाहें।
संग्रहालय में रखी हैं अफ़वाहों की तोप-तलवारें।
स्कूलों का उसी से बना है पाठ्यक्रम। उसी से बनी हैं प्रार्थनाएँ।

कक्षा में भूगोल का शिक्षक ब्लैक बोर्ड पर लकीरें खींच कर
बनाता है अलग-अलग अफ़वाहों के मानचित्र।

चिंतन समिति बड़ी मेहनत और लगन से तैयार करती है
अफ़वाहों का ड्राफ़्ट।
अफ़वाहों पर विस्तार से होती हैं बातें।
समाज में फैलायी जाती है उनके प्रति जागरूकता।
मुहल्लों में बनाये जाते हैं इस पार, उस पार।

दुश्मनों को देख नसों में रक्त का प्रवाह तेज़ हो,
सरहदों पर लगाये जाते हैं अफ़वाहों के कँटीले तार।

समा गयी पिंकी धरती में

पिंकी चल पड़ी पैदल ही पूरे देश को दुत्कार के।
थूक के सरकार के मुँह पे।
मुँह फेर के उनके वादों से
पिंकी चल पड़ी बारह सौ किलोमीटर दूर अपने देस।
एड़ी फट गयी, सड़कें फट गयीं।
वह चलती रही और चलती रही।
अंतड़ियाँ चिपक गयीं।
चमड़ी सूख गयी चिलकती धूप में।
फिर भी वह अपने देस के सपने की तरफ़ बढ़ी जा रही थी निरंतर।
बढ़ी जा रही थी अपने अम्मा-बाबू के सपने की तरफ़।
पर धरती से यह सब सहन न हुआ और वह भी फट गयी।
समा गयी पिंकी उसकी छाती में।
सपने में अम्मा-बाबू के,
पिंकी ने अपना किवाड़ खटखटाया।
पिंजरे का तोता फड़फड़ाया।

फ़रीद ख़ाँ

सो गये

वो सरकार की लाज बचाने के लिए
ट्रेन की पटरी पर सो गये और कट गये।
अब कोई भी ये कह सकता है
कि सरकार का इसमें क्या दोष है?
प्रधानमंत्री अकेला क्या-क्या करेगा?

कुछ रोटियाँ और चटनी
उन्होंने प्रधानमंत्री के खाने के लिए वहीं छोड़ दीं।
'अगर प्रधानमंत्री खायेगा नहीं तो काम कैसे करेगा?'
ऐसा उन्होंने सोचा था।

सरकार की लाज बचाने के लिए हर कोई सो रहा है।
हर किसी के लिए एक ट्रेन भी चल पड़ी है
और प्रधानमंत्री उनकी रोटियाँ बटोरने।

मुझे औरतों की बातें सुनायी नहीं देतीं

मुझे पत्नी की बातें सुनायी नहीं देतीं,
कई बार ऐसा होता है कि जो कान से न सुनायी दे
उसे आँखों से सुन सकते हैं,
या आँखों से भी न सुनायी दे तो स्पर्श से सुन सकते हैं,
सूंघ कर या चख कर भी सुनी जा सकती हैं बहुत सारी बातें।
अतः अपनी तमाम इंद्रियों का ज़ोर लगा देता हूँ सुनने में
पर मुझे पत्नी की बात सुनायी नहीं देती।

अपनी याददाश्त पर थोड़ा ज़ोर लगा कर सोचा
कि मुझे माँ की बात कब-कब सुनायी दी है?
मुझे नानी-दादी की बात ही कब सुनायी दी
जिनके पलंग में घुस कर अकसर सो जाता था।
मुझे ठीक से याद नहीं कि अपनी बहन की कोई बात सुनी हो।

'खाना पक गया, चलो खा लो'
इससे ज़्यादा मुझे याद नहीं कि मैंने कभी कुछ उनसे सुना हो।
कान बिल्कुल ठीक हैं, ऐसा कान के डॉक्टर ने कहा है,
फिर भी मुझे औरतों की बातें सुनायी नहीं देतीं।

रूपम मिश्र

सुजानगंज, जौनपुर, उत्तर प्रदेश में जन्म। प्रतापगढ़ ज़िले की पट्टी तहसील के बिनैका गाँव में निवास। विभिन्न पत्र-पत्रिकाओं में कविताएँ प्रकाशित।

ये शयनकक्ष से संसद तक काँटेदार हंकना लेकर खड़े हैं!

ये शयनकक्ष से संसद तक काँटेदार हंकना लेकर खड़े हैं!
जो हमारे ज़रा से इनकार पर हमारी आत्मा पर पड़ेगा!
स्त्रियो, चलो कहीं और चलें!
ये उनकी दुनिया है! उनके बनाये हुए नियम हैं
जिसमें उन्होंने स्त्रियों को मनुष्य न मानकर
ज़र ज़मीन में जोरू जोड़कर संपत्ति की संज्ञा दी!
हम स्त्रियाँ इस पर इठलाती फिरीं कि हम पुरुष की संपत्ति हैं!
तुम आज़ादी ओढ़ने शहर की ओर चली थी ना!
हम सभ्यता का अलाप सुनकर रोमांचित थे
उसके अन्तरे पर आकर ठगे से उदास खड़े हैं!
मुझे देश के सारे शहर एक जैसे लगे जिनकी दीवारें नपुंसकता के इलाज की गारंटी से पटी थीं
और अख़बार बलात्कार की घटना से पटे थे!
ये इश्तिहार और अख़बार देखकर मुझे कस्बे में ग़रीब के अहाते में कूदा हुआ वो व्यक्ति याद आया
जिसने पकड़े जाने पर बेहयाई से कहा कि मुझे तो इसकी बेटी ने बुलाया था!
हम किसी उदार पंथ की ओर मुँह उठाये
कब तक खड़े रहेंगे
क्योंकि हर पंथ में एक पंथ खड़ा है पुरुष पंथ
जिसका स्त्रियों को लेकर अपना दंड विधान है
तुम सारी विसंगति को त्यागकर प्रेम चुनना चाहती हो
तो जान लो
इस युग में सबसे कठिन है पुरुष को प्रेम होना
और भयावह है स्त्री को अनायास मोह होना।

रूपम मिश्र

मैं हैरान और निहाल हूँ तुम्हें देखकर

मैं हैरान और निहाल हूँ तुम्हें देखकर!
जीवन में मैंने तुमसे बड़ा अचरज नहीं देखा!
तुम नदी से बातें कर सकते हो
चिड़िया के साथ गा सकते हो
तुम्हारा बस चले तो किसी स्त्री की प्रसव पीड़ा समझने के लिए गर्भ धारण कर सकते हो!
तुम किसी किन्नर की मौत पर फूट-फूट कर रो सकते हो!
तुम किसी समलैंगिक की शादी में बधाई गा सकते हो!
तुम अपनी सारी डिग्रियाँ जला कर मेरे साथ गाँव के भगवती देवी विद्या मंदिर में पढ़ सकते हो!
तुम अपनी उदास छोटी बहन की गुड़िया की साड़ी भाभी की ब्रांडेड लिपिस्टिक चुराकर रंग सकते हो!
तुम अपनी प्रेमिका के नये प्रेम के किस्से हँसकर सुन सकते हो!
दरवेश! तहज़ीबें चकित तुम्हें देखकर!
तुमने सारे मठों और मान्यताओं को तोड़कर
अनलहक को आत्मा का दस्तार बनाया!
तुम संसार के सारे युद्धस्तंभों पर इश्क़ की इबारत लिख सकते हो!
और युद्धरत सारे हाथों में उनकी प्रेमिकाओं के पत्र थमा सकते हो!
रंगीले फ़कीर! अभिजात विद्रूपता को मुँह चिढ़ाकर
तुम मेरे डिहवा पर के मुसहर टोली में बैठकर महुआ की शराब पीकर रात भर नाच सकते हो!
मैं तुम्हारे माथे पर चुंबन का नज़र टीका लगाती हूँ मेरे अजब प्रेमी!
मेरे साथ मेरी चिर लजाधुर संस्कृति भी अवाक है तुम्हें देखकर कि
तुम अपनी माँ को नवीन प्रेम में देख सकते हो।

मुझसे कभी मिलने आना

मुझसे कभी मिलने आना, तो उपहार में वही चमकदीदे की गुड़िया लाना!!
जिसे दादी ने मेले में मेरे हाथ से धरा दी थी!
अलगरज़ी से पारे गये कजरौटे का काजल
आँखों में बहुत गड़ता है
तुम अबकी आते हुए जो रूह को ठंडक दे दे
ऐसी तासीर वाला कोई सुरमा लाना!
तुम सीख लेना अपनी बिटिया की चोटी गांछने का शऊर
क्योंकि जन्म से लटें मेरी उलझी हैं किसी को साध नहीं तो किसी को फुरसत नहीं मिली सुलझाने की
तुम एक बार उन्हें इत्मीनान से सँवार कर चिर आश्वस्ति की किलिचें टाँग देना!
सुना है आदिवासी स्त्रियाँ जानती हैं अपने प्रेमी को रिझाने की कला
उनके जूड़े के पत्ते प्रेम के सांकेतिक परचम होते हैं
उनके गीतों में प्रेमी का पता होता है
तुम किसी वनकन्या से मनुहार करके माँग लेना मेरे लिए कोई प्रेम की जड़ी-बूटी जिसके असर से मैं भूल जाऊँ संसार की सारी वर्जनाएं व कुधारणाएं!
सदियों की जागी मेरी आँखें नींद से जल रही हैं
तुम सीख कर आना कोई लोरी
पर ध्यान रखना उसमें कोई ऐसा राजकुमार न हो जो घोड़े पर चढ़कर आता है और बाँह पकड़कर अपने देश ले जाता है।

रूपम मिश्र

हमें सवाल करने की आज़ादी नहीं थी

हमें सवाल करने की आज़ादी नहीं थी
फिर भी हम सवाल करने को मचले
हमें प्रेमी चुनने की भी आज़ादी नहीं थी
फिर भी हम दिल हारे
जबकि प्रश्न और प्रेम दोनों को कितना करना है उन्होंने पहले ही तय कर रखा था
पर जब भी बाँहों में लेकर सिर पर हाथ फेरते हैं तब हम भूल जाते हैं अपनी औक़ात
और पूछ लेते हैं कोई ऐसा सवाल जिसका जबाब उनके पास नहीं होता
फिर शुरू होता है प्रेम यातना का वो बेकल पल
जिसमें तिरस्कार और त्याग देने की असहनीय पीड़ा होती है
हम अवाक से देखते हैं उनको कि वो कोई और था क्या जो कहता था मेरी साँसें तुम्हारी हैं
फिर क्या सवाल साँसों से भारी होते हैं
क्या हम सवाल करते बेहत बदसूरत और ग़लीज़ हो जाते हैं
या वो देह जिसकी आगोश में वो आख़िरी साँस लेना चाहते हैं
सवाल करते ही उसमें असाध्य रोग उभर आता है
जिसे देख उन्हें उबकाई आने लगती है
उनको चाहिए था ना कि वो प्रेम की प्रस्तावना में लिखते कि प्रेम में पड़ी स्त्री का प्रेमी से
 सवाल करना कुफ़्र है
चलो फिर से प्रेम – प्रेम खेलते हैं
जीवन भर के साथ की कसमें खाते हैं
अभिसार की रात में केतकी के फूलों की तरह महक जाते हैं
अबकी आँखें बंद और होंठ सिल लेते हैं क्योंकि वे सवाल से ख़त्म होते हैं और हमें हमेशा
 प्रेम ने ख़त्म किया

चन्द्र

खेरनी काछारी गाँव, जिला कार्बी आंगलोंग, असम में एक छोटे किसान परिवार में जन्म। खेतों में श्रम करने के साथ-साथ निरंतर लेखन। कविताएँ देश की प्रमुख पत्र-पत्रिकाओं में प्रकाशित।

मज़दूरों के लिए

एक

श्रम के आँच में जल-जलकर
बहे हुए लहू-पसीने के क़तरे-क़तरे को
चूमा जायेगा

चूमा जायेगा उन क़तरों को
चमन के फूलों की तरह नहीं
शहीदों को सलामी की तरह
एक दिन!

दो

जो लड़े हैं हमेशा
मिट्टी और कुदाली से
अरे! उनको . . . उनको पूजो
चूमो उनके मस्तकों पर हर-हर
झर-झर बहे हुए
सोना-चाँदी से बेशक़ीमती
उनके पसीने को चूमो

चूमो यार!
उन्हें चूमो
कि जिनके दम से
ये दुनिया ख़ूबसूरत दिखती है . . .!

चन्द्र

तीन

हम मज़दूर हैं
मेहनत की शमा पर फ़िदा परवाने हैं

हम श्रम की आग में जल-जलकर राख होते हैं
तो जीता सारा ज़माना है!

चार

मुश्किलों में जीने वाले मज़दूरों
तुम्हें पता है कि
मौत क्या होती है

मगर
उन्हें पता नहीं
जो तुम्हारी हाड़तोड़ मेहनत की अमूल्य कमाई को
खाकर
सिर्फ अ ल ल ल उल्टियाँ करते हैं!

पाँच

दिल जिगर छील के तुमने
इस दुनिया को,
दुनिया की दीवारों, महलों, मीनारों,
कल-कारखानों,
सड़कों, रेलमार्गों, खेतों को ख़ूबसूरत बनाया

तुम्हारे ही दम ने
अनगिनत ज़िन्दगियों की नींव को धँसाया

तुम्हारे ही बल पर
दुनिया के पूँजीपति-बनिया व्यापारी
चाँदी काटते हैं बड़ी मौज़ से!

तुम्हारी ही मेहनतकश हथेलियों की नरम मिट्टी पर
उगते आये हैं जीवन, प्यार और इंसानियत के सुंदर-सुंदर वनफूल!

अरे! तुम्हारे जैसे अनमोल रत्नों को
कौन चटाता है क़दमों की धूल
कौन धँसाते है तुम्हारे हिये में शूल!

आओ, गजदूरो! सभी आओ,
देखते हैं किसके जिस्म में कितना लहू है
किसकी पीठ पर कितना चूता है पसीना
किसकी आँखों में कितनी नदियों का पानी है
किसकी रूह में सबसे ज़ियादा गम है

आ, मजूर भाई, आ
सब साथियों को अपने साथ लेकर आ
देखते हैं किसके अंदर
कठोर चट्टानों को तोड़कर
सात समुन्दर पार फेंक देने का दम है

आ, मजूर भाई, आ
सब साथियों को अपने साथ लेकर आ

चन्द्र

देखते हैं कि तलवारों की नोक पर
अँगारों की लपटों पर
और मेहनतकशों के हथियारों की धारों पर
एक साँस में चलने के
साहसी किसके क़दम हैं
कि किसमें कितना खटने की हिम्मत है, लगन है

आ, मजूर भाई, आ
सब साथियों को अपने साथ लेकर आ
देखते हैं कि
श्रम की धधकती शमा पर फ़िदा परवाना बनकर
जल-जल के मर-मर जाने वाली
किसकी जवानी दीवानी है . . .!!
किसमें कितनी नौजवानी है . . .!!

ऐ पूँजीपति कवियो

ऐ पूँजीपति कवियो !

क्या तुम्हारी महँगी-महँगी
और ब्रांडेड डायरियों में
ज़रा जगह नहीं
लिखने को
उनका नाम भी

जिनकी समूची देह से
अंग-अंग से
लहू, पसीना, स्वेद-रक्त और आँसू
पूरी तरह से,
बुरी तरह से दूहे जा चुके हैं

और जिनकी देह, देह नहीं रह गयी है अब
जिनके नेत्र, नेत्र नहीं रह गये हैं अब
जिनका मस्तक, मस्तक नहीं रह गया है अब
जिनके हाथ, हाथ नहीं रह गये हैं अब
जिनके पाँव, पाँव नहीं रह गये हैं अब
जिनके दाँत, दाँत नहीं रह गये हैं अब
जिनकी छाती, छाती नहीं रह गयी है अब
जिनकी छाती की बाती-बाती
रूई की तरह धुनी जा चुकी है

जिनका पूरा शरीर
श्रम के लोहों की मसलन से,

चन्द्र

भयावह चिंता, रोग, भूख, घोर दुःख की जलन से
खेतों में खटते हुए चुपचाप शहीदों जैसे मरण से
अब बचा है कृशकाय
मुट्ठी भर

उनके लिए
क्या तुम्हारी क़ीमती क़लमों को लिखने का
टैम नहीं है

चिकन-बिरयानी खाकर भी
लिखने की थोड़ी सी भी शक्ति नहीं बची है
आत्मा में

तुम सिगरेट और शराब पीने के बाद भी
लिखने के मूड में नहीं हो
या फुर्सत नहीं है प्रेमिकाओं के बारे में लिखने से

तो कहो न, साहब जी!
मैं अपनी देह में बचा लहू का आख़िरी क़तरा भी
दे दूँगा तुम्हें
तुम्हारी क़लम के रिफिल में लाल स्याही के लिए!

ये धान रोपने का सुनहरा मौसम है

ये धान रोपने का सुनहरा मौसम है

इस मौसम में रिमझिम-रिमझिम बारिश होगी
नद-नदी,वन-जंगल,पर्वत-अँचल
प्रेमी, कवि और पागल की तरह मौसमी बंसी बजायेंगे

जो कविता की कजरी आधी-अधूरी रह गयी थी पिछले बरस
उसे पर्वतों के बादलों के पेड़ों के झूलों पर झूलते-झूलते
ताल सुर दे, लय छंद दे, कल-कल निनाद बनायेंगे

हल्की-हल्की धूप भी श्रमिकों को मुरझायेगी
चहुँ दिशि मस्तानी हवाएँ सरसरायेंगी
भँवरे, मधुमक्खियाँ और तितलियाँ
रँग-बिरँगे खिले,हरी-भरी लताओं से गले मिले,
फूलों की पृथ्वी पर, नृत्य पर नृत्य कर, झूमेंगे, झूमेंगे
चूमेंगे, चूमेंगे सुख-दुःख भरे जीवन की इंद्रधनुषी तरंग को
उत्साह और उमंग से
सिरजेंगे, सिरजेंगे किलकता हुआ शिशुपन . . .

मिट्टी का कीचड़ हम मज़दूर-किसान बनेंगे
बच्चे और बच्चियाँ इन्हीं कीचड़ों में ख़ूब खेलेंगे
दूर-दूर से देशी-परदेशी चिरई-चुरूँग आस लगाकर आयेंगे

मेरे कृषक भाई, बहिनी नन्ही-नन्ही कुदालियों से आलियाँ छाँटेंगे
पथारों की पगडण्डी की तरह मेड़ बनायेंगे
हल-बैलों-हेंगिंओं से खेतों को मुलायम दही की तरह मह-मह कर

चन्द्र

धान रोपने लायक गीली मिट्टी और कीचड़ बनायेंगे
कविता से भी सुंदर, बहुत सुंदर-सुंदर,पंक्तिबद्ध-पंक्तिबद्ध
क्यारियाँ बनायेंगे

ये धान-रोपनी का सुनहरा मौसम है
इस मौसम में
दिन होगा चाहे रजनी होगी
हाड़-तोड़ की खटनी होगी

पिया गया होगा परदेस मगर
मस्तक पर ओढ़े बदरिला आसमान
चुपचाप धान रोपती उसकी सजनी होगी

बनिहारिन स्त्रियाँ धानों के बित्ता -बित्ता भर के
हरियर-हरियर बीज
अपने कर्मठ हाथों से उखाड़ेंगीं,बोएँगी
रसीली, लसीली मिट्टी में
हाथों की उँगलियों को गोद-गोद कर, टप-टप,टप-टप . . .
हंस-हंसकर, खिल-खिल कर, मिल-मिल कर
बच्चे बच्चियाँ जवान बूढ़े सब के सब
पँकीली मिट्टी में रोपते जाएँगे, रोपते जाएँगे
गाते हुए धन-रोपनी का लहरदार गीत
जीवन का नव-नव रँग-रूप रोपते जाएँगे

मन सावन-सावन होता जायेगा
चहुँ ओर हरियाली लहरायेगी
हम कीचड़ के बच्चे

हमारी मेहनतकश आत्माएँ
कीचड़ में धरती भर नहायेंगी

झींगुर-दादुर ख़ूब मस्ती में मल्हार गायेंगे
जब तक न खिल जाते धानों में धान
जब तक न सफल हो जाता हमारी मेहनत से धरती पर बहा लहू और पसीना और श्रम
    और प्यार
जब तक न कमल के लह-लह फूल बन जाते
पथारों में रेगिस्तान की तरह समतल, अनंत श्रम के कीचड़

तब तक हरे-हरे धान के पत्तों को
चुप-चुप कर,
छुप-छुपकर, चुग-चुग कर

ये चिरई-चुरूँग खायेंगे!

कि मिट्टी अपना गुणधर्म निभायेगी
हम मिट्टी के बच्चे नन्हें-नन्हें धान के पौधे
नीले आसमान में फहरेंगे सयान बनकर एक दिन . . .!

चन्द्र

मेरा एक मज़दूर साथी

मेरा एक मज़दूर साथी
एक मामूली ऑपरेशन बिना मर गया
मेरा एक मज़दूर साथी
ओह! उसकी आत्मा पत्थर-घाट के श्मशान में
रोती है आज
उसकी कही हुई बातें
मेरी छाती की बाती-बाती में
बार-बार चोट करती हैं
खेतों में कुदाल चलाते समय जब
मुझसे कहता था कि मोहन भाई
दुनिया के किसी भी घर में रहो
पर याद रखना कि
यहाँ कोई पानी भी नहीं देगा
माँगने पर
बिना तने हुए हाथों के
एक फूल भी टूट नहीं सकता
हज़ार शीशों से कटने का ख़तरा उठाये बिना
एक सुंदर जीवन गढ़ नहीं सकता
आगे बढ़ ही नहीं सकता दोस्त
अपनी पगड़ी में गाँठ बाँधकर याद रखना
बिना हाड़-तोड़ मिहनत-मज़दूरी किए
कहीं भी धकेले जाओगे
जीने में लज़्ज़त एक पैसे की न रह जायेगी
आँसू चुपचाप बहाते जाओगे
तुम्हारे घरवाले क्या

एक पूरा देश भी कदर नहीं करेगा
तुम्हारे लहू-पसीने की

बृजेश

तीन दशक से भी ज्यादा समय से जन नाट्य मंच (जनम) दिल्ली के सक्रिय सदस्य। जनम के अनेक नाटकों में अभिनय और उनकी रचना प्रक्रिया में शामिल। पिछले कुछ समय से कविताओं का नियमित रूप से लेखन।

ज़िद

हमें चाँद माँगना चाहिए
ज़िद करनी चाहिए
उस बच्ची की तरह
चाँद के लिए
जो तस्वीर में चाँद देख
मचल उठती है छत पर जाने को
हमें चाँद माँगना चाहिए
जब साफ़ आसमां में हो
तो धरती पे
जब पानी भरे थाल में हो
तो हाथों में
जब आसमां में काले बादल उमड़ते हों
तो ज़िद हो
कि ज़रा सी झलक दिखला दे चाँद
कितना ख़ूबसूरत दीखता है न वो।
हम अमावस को ज़िद करें चाँद की
तो तार सा अगले ही दिन
दीखने लगेगा वो
हमें चाँद माँगना ही चाहिए
उस बच्ची की तरह
जिसके पिता उसे छत पर ले ही जाते हैं चाँद दिखाने
जिसकी माँ पानी भरे परात में चाँद उतार लेती है
जो मिट्टी भरे बालों को हैंडपंप पर धो
बस्ता उठा स्कूल जाती है
हर खेल खेलने की ज़िद करती है
हर मैदान में बाज़ी मारने का जज़्बा रखती है

बृजेश

हमें चाँद माँगना ही चाहिए
उस लड़की की तरह जो कॉलेज जाती है
इश्क़ करती है किताबों से भी
इंसानों से भी
बेधड़क
रात का आख़िरी शो देख दबे पांव नहीं
खुलेआम घर आती है
हॉस्टल की दीवार फांद
नियम क़ायदों को धता बताती है

हमें चाँद माँगना ही चाहिए
उस युवती की तरह
जो नाचती है तो धरती हिलती है
मस्ती में धुत हो जाती है
जिसके आक्रोश से अंबर भी जाता है काँप
जो अपने अक़ीदे पे अड़ जाती है

हमें चाँद माँगना ही चाहिए
उस औरत की तरह
जो प्यार का दरिया बहाती है
दिलकश अदाओं से लुभाती है
ज़ालिम से जूझ जाती है
दबे कुचलों के संग खड़ी हो जाती है
विद्रोह का परचम उठाती है
हमें चाँद माँगना ही चाहिए
उस बच्ची की तरह
जो बड़ी होकर भी चाँद की ज़िद करेगी।

एक असहज कविता

जब-जब तुम अपनी जाति की बात करती हो
कुछ असहज हो जाता हूँ मैं
हालाँकि मैंने तुम्हें हमेशा जातिविहीन देखा है
तुम्हारे ज़ेहन तुम्हारे जिस्म को जाति के साथ नहीं जोड़ा

पर जानता हूँ उन पलों में
तुम्हारी जातीय पहचान
और उसके होने के मायने
पर क्या मैं जान सकता हूँ?
उसके मानी?

तुम्हारा निजी संघर्ष
जो तुम्हारे सामाजिक संघर्ष से जुड़ा है
कितना ज़रूरी है ये सब तुम्हारे लिए
सोचता हूँ, समझता हूँ मैं ये सब
पर समझता हूँ क्या?

प्यार को बहुत बड़ी ताकत मानता हूँ
चाहता हूँ उन पलों में
वो सब कर पाना
जिससे तुम अपने संघर्ष में हो कामयाब
पर ये भी तो नाबराबरी का ही भाव है

अभिकारक मैं नहीं
तुम हो

बृजेश

जब-जब तुम बात करती हो अपनी जाति का
नाम लेकर
याद आती है 'नरक कुंड की बास'
याद आती है लाल सिंह दिल की
'ऊँची जात दा मुंडा'
'मैं कुड़ी हो जाना चाहंदा
तेरे इश्क़ विच'
मैंने कहा
तुम खिलखिलाकर हँस दी
सहजता को स्वर दिया
'इतना आसान नहीं जातीय समाज में जातिविहीन होना'
तुम्हारी सहजता ने मेरी असहजता को सहज कर दिया
मुझे संभावनाओं से भर दिया

मृत संजीवनी

अगणित दुःख
अगणित व्यथाएँ
अगणित मौतें
अगणित लाशें
अगणित क्षतियाँ
अगणित यादें
एक याद वो भी
वो चाँदनी नदी
जिसमें मैं तुम्हारा हाथ थामे
उतर गया था डूबने को
आज लाशों से पटी
वो चाँदनी नदी
जिसके तट के पीले फूलों संग
हुआ था मैं सराबोर तुम्हारी महक से
आज वहां मृत्यु गंध उठी
वो चाँदनी नदी
जिसकी लहरों का था निमंत्रण
कवि आकुल था तैर जाने को
आज मौन है उसके स्वर
वो चाँदनी नदी
जिसने नयी स्फूर्ति से भर दिया
हर जीव-जंतु जंगल मुझे तुम्हें वर दिया
आज बनी रक्त विष्ठा से भरी वैतरणी
वो चाँदनी नदी
हमारी याद का जज़ीरा है

बृजेश

याद प्यार की
अभिसार की
याद सुवास की
अमलतास की
याद मंझधार की
उस पार की
याद जो भूलने नहीं देगी
इक इक लाश को
बह जाने नहीं देंगी संत्रास को
याद रखेगी सड़ते शव की बास को
डूबने न देगी आस को
याद व्यथा कथा की
याद जीवन गान की
याद जो मरने नहीं देंगी
चाँदनी नदी को
क्योंकि नहीं जानते
नदियों को लाशों से पाटने वाले
कि नदियाँ मरा नहीं करतीं
याद ही है उनकी मृत संजीवनी
वो फिर जी उठती हैं
और इतिहास में ग़र्क
हो जाते हैं ज़ालिम
इसलिए इक इक याद को सहेजेंगे हम
ये दुःख
ये व्यथा
मृत शरीर की बास
वो पीले फूल
वो जंगल

तुम्हारी साँस की महक
लाशों से पटी नदी
वो चाँदनी नदी
सब

बृजेश

इन दिनों – प्यार की कविता

सोचता हूँ
इन दिनों
कविता होनी चाहिए प्यार पे
माना कि
बहुत है आपदा त्रासदी
दुःख,पीड़ा और मौत
पर कविता तो होनी चाहिए प्यार पे
बहुत ज़रूरत है प्यार की इन दिनों
लड़ने के लिए
इन सब से

माना कि
बहुत है किल्लत
ऑक्सीजन की
दवा की
बिस्तर की
पर कविता तो होनी चाहिए प्यार पे
बेशुमार प्यार पे
कम से कम उसकी तो न हो किल्लत

माना कि
हर रोज़ ख़बर आती है बिछुड़ जाने की
किसी जाने अनजाने
अपने पराये
दोस्त दुश्मन की
पर कविता तो होनी चाहिए प्यार पे

रुहानी प्यार पे
यादों का सरमाया
वहीं तो है जो रह जाता है

माना कि
शासक हैं क्रूर
त्रासदी में भी नफ़रत फ़ैलाने वाले
या,
अधिक से अधिक
त्रासदी के प्रति उदासीन

पर कविता तो होनी चाहिए प्यार पे
इंसानी प्यार पे
सद्भाव की
दुनिया बदलने की
वहीं तो है उम्मीद

पर उतार नहीं पाता हूँ
कागज़ पे
प्यार की कविता
प्यार ऑक्सीजन तो नहीं
न ही दवा
न बिस्तर
न ख़त्म कर सकता है
मौत महामारी को
शासकों के उन्माद
उदासीनता
क्रूरता का भी नहीं ये इलाज

बृजेश

ये होता तो वो होते ही क्यों
इक खला जो रह जाती है
यादों से भर नहीं पाती है
प्यार इंसानी जिस्मानी रुहानी जज़्बाती
हाथ तो थाम सकता है
पर बस उतना ही
प्यार ज़रूरी तो है
मुस्तक़बिल बदलने को
पर इन दिनों का क्या करें

शव से उतरा
गुलाबी मखमली परिधान
कोमल तो है
पर जिस्म पर नहीं ओढ़ा जाता
नहीं पैदा करता रोमांच
चाहता तो हूँ प्यार की कविता लिखना
पर कागज़ पर उतरती ही नहीं
इन दिनों
फिर भी कविता तो होनी चाहिए प्यार पे।

पराग पावन

जौनपुर, उत्तर प्रदेश के सिकरौर गाँव में जन्म। बनारस हिन्दू विश्वविद्यालय से स्नातक, जवाहरलाल नेहरू विश्वविद्यालय (जेएनयू) से परास्नातक, हैदराबाद विश्वविद्यालय से एमफ़िल के बाद जेएनयू में शोधरत।

पंजे भर ज़मीन

इस धरती पर बम फोड़ने की जगह है
बलात्कार करने की जगह है
दंगों के लिए जगह है
ईश्वर और अल्लाह के पसरने की भी जगह है
मगर तुमसे मुलाक़ात के लिए
पंजे भर ज़मीन नहीं है इस धरती के पास
जब भी मैं तुमसे मिलने आता हूँ
भईया की दहेजुआ बाइक लेकर
सभ्यताएँ उखाड़ ले जाती हैं उसका स्पार्क प्लग
संस्कृतियाँ पंचर कर जाती हैं उसके टायर
धर्म फोड़ जाता है उसकी हेडलाइट
वेद की ऋचाएँ मुख़बिरी कर देती हैं
तुम्हारे गाँव में
और लाल मिरजई बाँधे रामायण तलब करता है
मुझे इतिहास की अदालत में
मैं चीख़ना चाहता हूँ कि
देवताओं को लाया जाए मेरे मुक़ाबिल
और पूछा जाए कि कहाँ गयी वह ज़मीन
जिस पर दो जोड़ी पैर टिका सकते थे
अपना क़स्बाई प्यार
मैं चीख़ना चाहता हूँ कि
धर्मग्रंथों को लाया जाए मेरे मुक़ाबिल
और पूछा जाए कि कहाँ गये वे पन्ने
जिन पर दर्ज किया जा सकता था प्रेम का ककहरा
मैं चीख़ना चाहता हूँ
कि लथेड़ते हुए खींचकर लाया जाए

पराग पावन

पीर और पुरोहित को और पूछा जाए
कि क्या हुआ उन सूक्तियों का
जो दो दिलों के महकते भाप से उपजी थीं
मेरे बरअक्स तलब किया जाना चाहिए इन सभी को
और तजवीज़ से पहले बहसें देवताओं पर होनी चाहिए
पीर और पुरोहित पर होनी चाहिए
आप देखेंगे कि देवता बहस पसंद नहीं करते
मैंने तो फ़ोन पर कह दिया है अपनी प्रेमिका से
कि तुम चाँद पर सूत कातती बुढ़िया बन जाओ
और मैं अपनी लोक-कथाओं का कोई बूढ़ा बन जाता हूँ
सदियों पार जब बम और बलात्कार से
बच जायेगी पीढ़ा भर मुक़द्दस ज़मीन
तब तुम उतर आना चाँद से
मैं निकल आऊँगा कथाओं से
तब झूमकर भेंटना मुझे इस तरह कि
'मा निषाद' की करकन लिए हुए
सिरज उठे कोई वाल्मीकि का वंशज
अभी तो इस धरती पर बम फोड़ने की जगह है
दंगों के लिए जगह है
ईश्वर के पसरने की भी जगह है
पर तुमसे मुलाक़ात के लिए
पंजे भर ज़मीन नहीं है
इस धरती के पास।

असली हत्यारे

असली हत्यारे बंदूक़ की असमर्थताओं को जानते हैं
वे पहचानते हैं तलवार की सीमाओं को
असली हत्यारे शब्दों से क़त्ल का काम लेते हैं
असली हत्यारे परिणाम में नहीं प्रक्रिया में शामिल हैं
वे मरघट के मुहाने पर संभोग के गीत बेच रहे हैं
भीषण बारिश के मौसम में
छतरियों को बदनाम कर रहे हैं
असली हत्यारे महफ़िल के केंद्र में बैठे हुए
महफ़िल के केंद्र को गाली दे रहे हैं
कि महफ़िल का केंद्र सलामत रहे उनकी परंपरा के लिए
चाक़ू की निंदा करने का काम
और कच्चे लोहे की दुकान खोलने का काम
वे समान भोली मुस्कान के साथ करते चले जा रहे हैं
असली हत्यारे आपकी बग़ल में खड़े होकर चाय पी रहे हैं
और चाय के ख़ून से महँगा होने की शिकायत कर रहे हैं
असली हत्यारों की उम्र हज़ार साल है
वे धर्मग्रंथों की ओट में बैठे हैं
वे आत्मा नहीं आत्मा की परिभाषा हैं
हवा उन्हें सुखा नहीं सकती
आग जला नहीं सकती
पानी भिगो नहीं सकता
असली हत्यारे पुस्तकालय जाते हैं
संसद जाते हैं
दोस्त की दावत और टेलीविज़न से लौटते हैं
और सो जाते हैं
असली हत्यारे सोने से पहले याद दिलाना नहीं भूलते

पराग पावन

कि सब कुछ अच्छा चल रहा है
असली हत्यारे बाँस बोते हैं
उस बाँस से सबसे उम्दा क़िस्म की लाठी
और सबसे निकृष्ट क़िस्म की बाँसुरी बनाते हैं
असली हत्यारों की शिनाख़्त करनी हो
तो उपसंहार तक कभी मत जाना
असली हत्यारे भूमिका में अपना काम कर चुके होते हैं।

मेरे ख़ून का एक संक्षिप्त इतिहास

मेरे पुरखे
वहाँ, जंगल के उस पार
टीलों और पहाड़ों पर
अपने ढोर लेकर गये थे
और नहीं लौटे हैं
शाम गाढ़ी होती जा रही
यह बेला अँधेरे में डूबने वाली है
घिर आये हैं बादल
खोने लगी हैं दिशाएँ
और मेरे पुरखे नहीं लौटे हैं
आकुलता के शबाब में लिपटा
अजीब मनहूस मौसम है
रौशनी की हार पर रोने वाले हैं बादल
जंगल के रास्ते अभी डूबकर मर जाएँगे पानी में
रास्तों की मौत से पहले
कबूतर लौट आये हैं घोंसलों में
मुर्ग़ियाँ लौट आयी हैं दड़बों तक
हिरन, घोड़े, गाय, बाघ, भेड़िए
सब लौट आये हैं जंगल के इस पार
पर मेरे पुरखे टीलों पर बैठकर
बाँस की टोकरी बना रहे
बनाते ही जा रहे
शाम ख़त्म हो चुकी है
और वे
नहीं लौटे हैं
इसी देश में

पराग पावन

मैंने मेमनों को हत्यारा साबित होते देखा
और हत्यारों को प्रधानमंत्री घोषित होते देखा
इसी देश में
ईमान की देवी को
जल्लाद की बैठक में नाचते देखा
और जल्लाद को
अहिंसा पर शोध-पत्र पेश करते देखा
मेरे भीतर की आग
किसी और दिन के लिए
क्रोध में आकाश हुई मेरी चीख़
किसी और दिन के लिए
म्यान से निकल आयी मेरे तलवार की यह थरथराहट
किसी और दिन के लिए
आज
यह अँधेरी शाम की बेला
घिरे हुए बादल
सन्नाटा ओढ़े जंगल
और मेरे पुरखे
अभी तक नहीं लौटे हैं।

मैं तुम्हारी भूख से भयभीत हूँ

मैं तुम्हारे मुल्क से
और तुम्हारी दुनिया से
बुरी तरह थक चुका हूँ
ताज की तरह चांडाल हँसी
अपने सिर पर सजाये
तुम्हारी आत्माओं के दुर्गंधित रस्म-ओ-रिवाज
अब सहे नहीं जाते
तुम्हारे तराज़ू पर अपनी ज़िंदगी रखकर
साँसों का आवागमन देखना
बहुत ही शर्मनाक लगता है
कौन नहीं जानता कि ईश्वर तुम्हारा अश्लीलतम तसव्वुर है
धर्म सृष्टि का सबसे बड़ा घोटाला
और जाति बहुत गहरा कुआँ
जिसकी भयावहता पानी ढँकता है
मैं तुम्हारी कला से
और विज्ञान से
बुरी तरह ऊब चुका हूँ
यहाँ ख़ून को एक थूक प्रतिस्थापित कर देता है
यहाँ चीत्कार को मंदिर का कीर्तन घोंटकर बैठा है
यहाँ सत्य को संसद में टॉयलेट-पेपर बनाकर
लटका दिया जाता है
जिससे सुबह-शाम जनता के चूस लिए गये सपने पोछे जाते हैं
मैं इस देश की उस आहारनाल से आया हूँ
जिसने सदियों तलक अन्न का चेहरा नहीं देखा
मैं तुम्हारी भूख से भयभीत हूँ

पराग पावन

मुझे बख़्श दो
मेरे उन ताल-तालाबों के लिए
जहाँ माँगुर मछलियाँ मेरा इंतज़ार कर रही होंगी
किसी दिलदार दोस्त के साथ
सावन को अपनी क़मीज़ बनाकर
मैं उन दिशाओं में तैरने चला जाऊँगा
जहाँ मेरी बकरियाँ भीग रही होंगी
जहाँ किसी आम के पेड़ पर
अब भी मेरा दोहत्था अटका होगा
और पास ही मेरे मछरजाल की उलझनें
मेरी अँगुलियों को गोहार रही होंगी
मुक्तिबोध के बारे में मेरी कोई राय नहीं है
मार्क्स को मैं पहचानता तक नहीं
अंबेडकर का नाम ही सुना पहली बार
अज्ञेय होना शायद तुम्हारी सभ्यता का सबसे बड़ा इनाम है
अब मुझे जाने दो
मैं ग़ालिब ज़ुबान पर भी न लाऊँगा
और जायसी को युद्ध के निरर्थकताबोध का पहला कवि मानने की
ज़िद भी छोड़ दूँगा
मुझे जाने दो
मुझे भीरु कहो
भगोड़ा कहो
पर जाने दो
मेरे चले जाने पर मेरे गर्तवास का मतलब
शायद तुम समझ सको
शायद तुम कभी समझ सको
उस मोड़ दी गयी बाँस की फुनगी की तनाव भरी थरथराहट

जिसने मुझे सिखाया था—
विनम्रता को बेचारगी में तब्दील होने से पहले
विद्रोह में बदल देना ही
ज़िन्दगी का सुबूत है।

गुंजन श्रीवास्तव 'विधान'

तेघरा, बेगूसराय (बिहार) में जन्म। जवाहरलाल नेहरू विश्वविद्यालय से स्नातक। राजनीति विज्ञान में परा स्नातक। कई ब्लॉग और पत्रिकाओं में कविताएँ प्रकाशित।

ऊँचे होने का नाटक

आदमी पैसों को गिनता हुआ
नहीं देखता
कि इससे पहले ये
क्षत्रिय के हाथों में थी
या किसी शूद्र के!
न ही वो
पूछता है
एक वेश्या से
उसे भोगने से पहले उसकी जात!
आदमी ऊँचे होने का नाटक करता है
सभी के बीच
तन्हाई में वो जानता है
अपनी असली औक़ात!

गुंजन श्रीवास्तव 'विधान'

ज़िन्दगी के गणित का राक्षस

गणित में बहुत बुरा रहा हूँ
त्रिकोणमिति का राक्षस मुझे डराता है
आज भी अपनी भुजाओं से!!

यहाँ तक कि मैं इनकी संख्याओं को भी
अक्षरों में लिखता हूँ
एक, दो, तीन की माफ़िक़

मुझे डर है कहीं ज्यामिति का कोई खंभा
किसी रात मुझपे गिर न पड़े

डरता हूँ मैं कि कहीं कोई क़ातिल मेरी ज़िन्दगी से
जोड़ घटाव का खेल न खेलने लग जाए!

बरसों से चिंतित हूँ कहीं ये दुःख मुझे
अपने गुना का अंक न मान लें!

मैं इतना भी नहीं बता सकता कि
कितना गिर सकता है कोई इंसान

कितना अवसरवादी हो सकता है वो
अपनी एक ज़िन्दगी में
कितना झुका सकता है अपनी रीढ़ की हड्डी को
या कितनी अंदर तक धंस सकती है
हैवानियत के दलदल में उसकी इंसानियत!

पर मैं यह जानता हूँ कि
कोई आंकड़ा चाहे जितना बड़ा क्यों न हो
सौ फ़ीसदी से बाहर नहीं हो सकता!

और मुझे ये फ़िक्र सताती है मेरे दोस्त
कि जब तुम्हारी तरक़्क़ी के सारे द्वार नीचता की
एक सीमा से टकरा कर बंद हो जायेंगे
फिर तुम अपनी तरक़्क़ी के लिए
नया क्या करोगे ?

गुंजन श्रीवास्तव 'विधान'

उस सुबह देखा मैंने

इस दुनिया को बदलते
पृथ्वी के वृत्ताकार को सिमटते
सूरज को बिंदी और
चाँद को एक मुखड़ा बनते
देखा ज़ुल्फ़ों को उस मुखड़े की तरफ़
ज्वार सा उठते
और उसके दुपट्टे से चढ़ते उतरते
तमाम ऋतुओं को!
उगते देखा इस पृथ्वी के
दो हाथ-पैर
और दो कजरारी आँखों को!
उस रोज मैंने ग़ौर किया
पृथ्वी निरंतर घूमती ही नहीं
ये कहीं कभी किसी सीढ़ियों पर बैठकर
चाय भी पीती है
उस लड़की की तरह!

चुप्पी भाषा की बेइज़्ज़ती है दोस्त

अन्याय देखकर भी
तुम्हारा चुप रह जाना
केवल तुम्हारी अभिव्यक्ति ही नहीं
भाषा की बेइज़्ज़ती भी है दोस्त!
उस भाषा की बेइज़्ज़ती
जिसकी मदद से तुम कहा करते हो
अपने प्यारे मुल्क को महान
और गुमान से जिसकी मदद से
गाते हो तुम
अपने प्रिय मुल्क का राष्ट्रगान!
तुम्हारी चुप्पी देशभक्ति नहीं
मुल्क के दलालों की
शक्ति है
जिसकी ख़ामोशी
तुम्हें शोषित
और राजा को
शोषक बनाये रखती है!

अंचित

पटना में जन्म। पटना विश्वविद्यालय से अंग्रेजी साहित्य में एमए और अब शोधकार्य। प्रकाशित काव्यकृतियाँ – *ऑफनोट पोअम्ज़* (ईबुक), *साथ-असाथ*, *शहर पढ़ते हुए*। अनेक पत्र-पत्रिकाओं में कविताएँ प्रकाशित।

❁

सब चुप रहें

अच्छा यही होगा,
कोई एक अपंगता चुन लें कम से कम—
और सरकारी रेखा से एक फुट अंदर रहें।

कानून अँधा है
ये सत्तर की फिल्में सिखा गयी हैं,
झंडे शोर करते हैं ये हम सन बानबे से जानते हैं।
संविधान दरअसल लूडो के बोर्ड पर पटका हुआ पासा है,
ये किसी के सिखाने बताने कीं चीज़ नहीं है।
सो, चुप रहें।

बिलावजह सही को सही ना बोलें,
बहुत बोलना हो, तो देश की जय बोलें,
चुप रहें और खैर मनाएँ कि आप ऐसे बकरे हैं,
जिसकी माँ अभी तक सुरक्षित है।

अंचित

जुनैद

जुनैद मेरे सबसे करीबी सीनियर का नाम था।
एक बार साथ में,
जूनियर्स का इंट्रो लेते हुए,
हमें भागना पड़ा,
पुलिस से।
उसने मुझे इकबाल छात्रावास की दीवार फंदाई।

वो अलग समय था।
मैं तब ब्राह्मण का लड़का नहीं था,
वो बंगाली मुसलमान नहीं था,
इकबाल हॉस्टल मेरे लिए,
शरणस्थल हो सकता था।
वो अलग समय था।

जब मैंने पहला रोज़ा रखा, यही जुनैद याद आया।
पहली इफ़्तारी की बकरखानी उसकी बदौलत थी।
परीक्षा के दिनों में घंटों हम सब मित्र बहस करते
बैठे हुए उसके कमरे पर।
डर के माहौल में निडरता का कारण जुनैद।

टीवी पर ख़बर देखते हुए लगा मित्र की लाश है सामने,
और कभी ना पराजित हो सकने वाला मेरा दोस्त ही,
झुका दिया गया है।
और मैंने कुछ नहीं किया।

जब बल्लभगढ़ का जुनैद मारा गया,

बंगाल का जुनैद क्या सोचता होगा?

देश के दूसरे जुनैद क्या सोचते होंगे?

इन जुनैदों के ब्राह्मण दोस्त क्या सोचते होंगे?

अंचित

मर्सिया

(अंकित को याद करते हुए। दूसरे धर्म की प्रेमिका होने के कारण अंकित की हत्या कर दी गयी)

तुम्हारी गर्दन पर जैसी धारियाँ हैं,
वैसी मेरी गर्दन पर भी हैं।

जैसे थकान ढलती है उन पर इंतज़ार की,
वैसे ही मेरी गर्दन के ऊपर भी आ बैठती है।

इतनी असफलताओं के गोलचक्कर हैं और
इनके बीच ही अटका हुआ कोई दिन माणिक-सा

मुझे बीत जाना है,
जैसे तुमको भी बीत जाना है।

कोई टीला नहीं होगा—
कोई रौशन क़ंदील किसी छत से लटकी हुई नहीं—

प्रेम, एक बेजान सन्नाटा जैसे कोई ठंडा पत्थर
और नाम ख़ुदा हुआ। तयशुदा।

हम एक जैसे हैं। हैं ना? बदले जा सकने वाले—कि मेरी देह की जगह
तुम्हारी देह रख दूँ या तुम्हारे मन की जगह अपना मन।

जो मेरा है वह तुम्हारा इतना है

कि बीच में भाषा त्वचा जितनी भी नहीं बचती।

तुम मेरे लिए छोड़ सकती हो सब कुछ,
इसीलिए तुम सब पाओ मेरे लिए ज़रूरी है।

हम एक दूसरे तक क्या लौटा सकेंगे आख़िरकार
कि हम जिए जैसे मछलियाँ जीती हैं तैरती हुईं अनवरत।

अंचित

हत्याओं के बाद भी

बोलते हुए
गोली खाना
काँपते हुए
गोली खाने से
हमेशा बेहतर रहेगा,
एक बूँद
ख़ून की गिरते ही,
फिर
और कई
पैदा होंगे
एक गोली
चकनाचूर करेगी
कई आईने
कम से कम
तुम जानोगे
गोली कितनी कायर है
बोली की तुलना में।

अंजन कुमार

हिन्दी विभाग, कल्याण कॉलेज, भिलाई नगर, छत्तीसगढ़ में सहायक प्राध्यापक। पाब्लो नेरुदा और शमशेर बहादुर सिंह की रचनाओं के तुलनात्मक विवेचन पर शोधकार्य। विभिन्न पत्र-पत्रिकाओं में कविताएँ प्रकाशित।

आवाज़

जब धुंध गिर रही हो चारों तरफ़
रास्ते सुरंग में
और आदमी सायों में
बदल रहे हों
धुंध और सन्नाटा
कुछ इस तरह
बुन रही हो रात
कि किसी को पहचानना भी
मुश्किल हो रहा हो
तब
एक आवाज़ ही बच जाती है
जिसके सहारे
पहचाना जा सकता है आदमी।

अंजन कुमार

मसखरे

मसखरों का
कोई इतिहास नहीं होता
लेकिन हर इतिहास में होते हैं मसखरे
राजा, रानी, मंत्री
हर किसी को
हँसाते, गुदगुदाते, खुश रखते
मसखरे
मसखरों की मसखरी ही
उनका रोजगार होती है
उनका दाना-पानी
सो उसी के सहारे बने रहते हैं
हर दरबारों में
यहां तक कि अंतःपुरों में भी
कब, किसे, कैसे खुश रखना है
यह बहुत अच्छे से जानते हैं मसखरे
अपनी स्वार्थ सिद्धि में लीन
आत्ममुग्ध मसखरे
सामाजिक सरोकारों से परे
केवल मसखरे होते हैं
न वे गंभीर होते हैं किसी के लिए
न कोई गंभीरता से लेता है उन्हें ही
हर कोई पसंद करे उन्हें
इसी में खुश रहते हैं मसखरें
नये-नये किस्से
नये-नये जुमले
नये-नये झूठ

ही इनकी संपत्ति
या यूं कहे कला होती है
ऐसे मसखरों से
भरा पड़ा है इतिहास
मगर
इतिहास कभी भी
मसखरों का रहा नहीं।

अंजन कुमार

अफ़ीम

भय से घरों में क़ैद
लोगों के टीवी चैनलों में
परोस दी गयी है अफ़ीम
जिसे चाटते हुए दिन रात
इतने आदी हो जायेंगे एक दिन
कि हर समस्या का हल
हम अफ़ीम के नशे में ढूंढेंगे
तब कितना आसान हो जायेगा
सच को छुपा लेना
हर समस्या के लिए
किसी और को दुश्मन बना देना
कितना आसान हो जायेगा तब
अफीमचियों के हाथों में
संविधान की जगह
शस्त्र थमा देना।

नाटकबाज

कोई भी नाटक
बहुत देर तक नहीं चलता
पर्दा गिर ही जाता है
एक समय के बाद
तमाम
बने-बनाये जुमले
जब तालियों में पिट जाते हैं
तब नाटकबाज
अपनी सत्ता बचाने
बुनता है नये-नये जुमले
मन ही मन
मकड़ी के जालों की तरह
नाटकबाज
मदारी तो होता नहीं
लेकिन मदारी की तरह
बजाता रहता है सिर्फ
शब्दों की डुगडुगी
क्योंकि
नाटकबाज जानता है
बंदरों के बिना
उसका गुजारा नहीं।

अखिलेश श्रीवास्तव

केमिकल इंजीनियरिंग में स्नातक। प्रतिष्ठित भारतीय बहुराष्ट्रीय कंपनी में वरिष्ठ प्रबंधक। काव्य संग्रह *गेहूं का अस्थि विसर्जन* प्रकाशित। *समालोचना*, *बिजूका*, *कविता कोश* आदि में कविताएँ संकलित।

दायें-बायें

संसद दायीं तरफ़ है
7 RCR दायीं तरफ़ है
नीति आयोग दायीं तरफ़ है
यहाँ तक कि साहित्य अकादमी
दायीं तरफ़ है
और सर्वोच्च न्यायालय भी!

वो खींच लेना चाहते है
सारी जमीन, सारी नदियाँ, सारा जंगल दाहिनी तरफ़ ही!
हमसे कहा जा रहा है
आप सभ्य नागरिक हैं
नियमों का पालन
मुस्तैदी से करें
हमेशा बायें तरफ़ चलें!
मै इस स्वतंत्र, संप्रभु गणराज्य में
कुत्ता बनना चाहता हूँ
जो यूँ ही चलते-चलते
बेधड़क घुसता है कहीं भी
बिना खदेड़े जाने का ख़ौफ़ लिये!

अखिलेश श्रीवास्तव

कवि कर्म

मैं खाली पड़े तसलो में
ताजमहल की मज़ार देख लेता हूँ
सरकार की चुप्पी में सुन लेता हूँ
पूंजी की गुर्राहट।

तुम नदी की कल-कल सुनना
मैं सुनूँगा उसमें ज़हर से गला घुटने पर
घों-घों की आवाज़
शीशम के दरख़्त कटने पर
एक लंबी चोंss में
उसकी अंतिम कराह सुनता हूँ
उस दिन कोयल की कूक में
शोक का वह पंछी गीत सुन लेता हूँ
जो बेघर होने पर गायी जाती है।

मैं मृग के नयन बाद में देखता हूँ
उसके पहले ही उन आँखों में
भेड़ियों का डर देख लेता हूँ

मैं देख लेता हूँ
खाली कनस्तरों का अकेलापन
ठंडे चूल्हे की कंपकंपाहट
सुन लेता हूँ
खेत में दवाई छिड़कने से
कीटों की सामूहिक हत्या होने पर

फ़सल का विलाप

मैं दुःख देख लेने का आदी बन चुका हूँ
मदिरा पीकर मुजरे में भी बैठता हूँ
तो साथी नचनियां की नाभि देखते हैं
मैं पेट देखता हूँ और अंदाजता हूँ
कितने दिन से भूखी है ये ठुमकिया।

तुम मेरी आँखों पर घोड़े का पट्टा भी बाँध दो
तब भी दो सोटों के बीच समय निकाल कर
देख ही लूँगा राह पर छितरे हुए दुःख
पथिक की प्यास

तुम मेरे हिस्से का सारा शहद ले लो
फिर भी मैं चख ही लूँगा तुम्हारे हिस्से का विष

मैं दुःख भक्षक हूँ, विषपायी हूँ
मैं कवि हूँ
मेरे रुधिर का रंग नीला है।

अखिलेश श्रीवास्तव

गेहूँ का अस्थि विसर्जन

खेतों में बालियों का महीनों
सूर्य की ओर मुँह कर खड़ा रहना
तपस्या करने जैसा है
उसका धीरे-धीरे पक जाना है
तप कर सोना बन जाने जैसा।

चोकर का गेहूँ से अलग हो जाना
किसी ऋषि का अपनी त्वचा को
दान कर देने जैसा है।

जलते चूल्हे में रोटी का सिकना
गेहूँ की अंत्येष्टि जैसा है
रोटी के टुकड़े को अपने मुँह में एकसार कर
उसे उदर तक तैरा देना
गेहूँ का गंगा में अस्थि विसर्जन जैसा है।
इस तरह
तुम्हारे भूख को मिटा देने की ताकत
वह वरदान है
जिसे गेहूँ ने एक पांव पर
छः महीना धूप में खड़े होकर
तप से अर्जित किया था सूर्य से।

भूख से
तुम्हारी बिलबिलाहट का ख़त्म हो जाना
गेहूँ का मोक्ष है।

इस पूरी प्रक्रिया में कोई शोर नहीं हैं
कोई आवाज़ नहीं हैं
शांत हो तिरोहित हो जाना
मोक्ष का एक अनिवार्य अवयव है।

मैं बहुत वाचाल हूं
बिना चपर चपर की आवाज़ निकाले
एक रोटी तक नहीं खा सकता।

अखिलेश श्रीवास्तव

ऐ जी सुनते हो . . .

कभी तोड़ो न अपनी भी
एकाध हड्डियाँ
जीवन चक्र बढ़ाने में
जैसे मैं तोड़ देती हूँ
206 की 206
हर दूसरे साल प्रसव वेदना में।

कभी पहनो न
पाँच मीटर का वस्त्र
और बैठ जाओ
स्टोव या सिगड़ी से
एक कोस की दूरी पर
फिर देखो जादू
आँचल का लौ पकड़ लेना
और मेरा बदल जाना रोशनी में।

कभी कहो न
अपनी माँ से
घूमे मेरे आगे पीछे
पूरे एक दिन
जैसे मेरी माँ नाच जाती है
अँगूठे पर
धरती की तरह
पाहुन पाहुन की रट लगाये
तुम्हारे आने पर।

कभी धारो न
एक दिन का
निराजल व्रत
माँगो हर क्षण दुआ
ख़ुद के तुमसे पहले चले जाने का
और जब मिलूं तुमसे सांझ को
प्रेम के दो चार शब्द बूँद के लिए
तो तुम थमा दो
एक लोटा पानी।

ये सब न होगा तुमसे
यूं करो
ले लो मेरे सारे जेवर
क्रीम,पाउडर,काजल
सुंदर बन के
चेहरा फूल बना कर दिखाओ मुझे
तब भी
जब दो घंटे पहले ही मैंने
खाये हो झापड़
और अभी तक
आंसुओं से भीगा हो मेरा मन।

ऐ जी सुनते हो . . .।

अर्चना लार्क

इलाहाबाद विश्वविद्यालय से स्नातक, बीएचयू से परास्नातक। महात्मा गांधी अंतरराष्ट्रीय हिन्दी विश्वविद्यालय, वर्धा से एमफिल एवं पीएचडी। अनेक नाटकों में अभिनय। विभिन्न पत्र-पत्रिकाओं में कविताएँ प्रकाशित।

राख हो चुकी लड़की

शब्द शून्य हो रहे
आवाज़ कमज़ोर है
समाज खो चुका है अपनी भाषा
माहौल में एक लड़की की सिसकी है
राख हो चुकी एक लड़की हवा में तैर रही है
एक लड़की जिसने आज ही दुनिया को अलविदा कहा
प्यारी लड़की तुम और तुम जैसी बहुत सी
अंत तक बनी रहेंगी अपनी आवाज़ में अपनी राख में

अर्चना लार्क

प्यारी लड़कियो

तुम लिखो, तुम बोलो, तुम खुल कर जियो
तुम्हारे डायरी के पन्ने किसी कोने में
आँसुओं से भीगने के लिए नहीं हैं
एक दिन मिल कर दुनिया को
बेफ़िक्र विचरने लायक बना जाएँगी लड़कियाँ
तारीख़ बदल जाए, सूरज पूरब से पश्चिम हो जाए
लड़कियाँ इसी तरह खिलती रहेंगी
वे दुःख को परे धकेल देंगी
और हँसेंगी वह हँसी
जिससे शर्मसार होता रहा है यह ताक़तवर समाज
आज इन्हीं आवाज़ों से रोशन है सारा जहान
वे लहरा रहीं परचम
वे कमसिन भी हैं और विद्रोह का बिगुल भी
वे अपने होने का उत्सव हैं

स्त्री की आवाज़

जब तुम जनेऊ लपेट रहे थे
कुछ दूर एक सुंदर बच्चा अपने होने की गवाही दे रहा था
जब मंत्रों की बौछार के बीच
तुम भाग्य का ठप्पा लगा रहे थे
कुछ दूर वह बच्चा संघर्ष का पहला पाठ पढ़ रहा था
जब तुम अपने नाकारापन पर गंगाजल छिड़क रहे थे
और उस बच्चे को हर कहीं रोक रहे थे
तुम्हारी मूर्खता तुम्हारी चोटी की तरह लहरा रही थी
तुम उसकी बुद्धि को पहचानाने से इनकार करते रहे
वह कोई था एकलव्य या उसका वंशज रोहित वेमुला
तुमने कहा वे चहारदीवारी के अंदर नहीं आ सकते
अपने स्वार्थ से समय को सिद्ध करते हुए
तुमने उन्हें अपनी थालियों से दूर रखा
कुर्सी पर विराजमान तुम
उन्हें अपने पैरों के पास बिठाने को क्रांति समझते रहे
तुम स्त्रियों को कभी राख तो कभी पत्थर बनाते चलते रहे
तुम्हारा पुरुषत्व उन पर गुर्राता रहा
फिर एक दिन तुमने कहा कि घर ही ख़ाली कर दो!
तुम्हारे खड़ाऊँ तुम्हारी धोती तुम्हारा अंगौछा जनेऊ
मस्तक पर उभरा हुआ चंदन तुम्हारा भोजन
सब उनका श्रम है
तुम नंगे हो अपनी जाति अपने प्रतीकों अपने धर्म के भीतर
'तुम विधर्मी सब गद्दार हो' कहने वाले तुम
ज़रा नज़रें घुमा कर देखो एक लंबी कतार है
सौंदर्य से भरा हुआ एक 'शाहीन बाग़'
सुनो वे आँखे तुमसे क्या कह रही हैं?

अर्चना लार्क

मैंने अभी-अभी सुना – 'हिटलर गो बैक'
और सबसे ऊँची आवाज़ उस स्त्री की है
जिसे तुम अपने शास्त्रों के खौलते हुए तेल में
डुबोते रहे थे बार-बार।

अंधापन फैल चुका है

हम कितनी जल्दी में हैं नष्ट होने को आतुर
हुंकारते सींग मारते घुसे जा रहे मनमाने
कीचड़ हो गये विचार बिक गये चौथे खंभे से
शब्दों के सौदागरों की राय है
कि मनुष्य न बचे रहें

बेशक मंदी छायी हुई हो
लेकिन झंडा ऊंचा है
झंडाबरदार अँधेरे में तीर चलाते
सम्मोहन के ख़तरनाक पड़ाव के पार हैं
उनकी मृत्यु भी अब स्थगित है

सुना है अंधापन फैल चुका है इलाक़े में
बहरेपन ने दस्तक दी है
रिश्तों और विचारों का मातम मन रहा

सच भरभराकर गिर गया है
'हाँ' को बरी
और 'ना' को नज़रबंद किया गया है
अक्षर और शब्द हड़ताल पर हैं
जागो, आगे तुम्हारा भी नंबर आयेगा।

अनुपम सिंह

प्रतापगढ़ (उप्र) में जन्म। इलाहाबाद विश्वविद्यालय से स्नातक व परास्नातक। दिल्ली विश्वविद्यालय से पी.एच.डी. की उपाधि। ऐपवा तथा जन संस्कृति मंच (जसम) से जुड़ाव। दिल्ली विधानसभा में 'एसोसिएट फ़ेलो'।

औरतें हैं मुखौटे नहीं

वह अपनी भट्ठियों में मुखौटे तैयार करता है
लेबुल लगाकर सूखने के लिए
लग्गियों के सहारे टांग देता है
उन्हें रासायनिक क्रियाओं से गुज़ारता है
कभी तेज़ तो कभी सबसे कम तापमान पर रखता है
ऐसा लगातार करने से
अप्रत्याशित चमक आ जाती है उनमें

उसके हथियारबंद सिपाही
घूम रहे हैं घर-घर
कभी दृश्य तो कभी अदृश्य
घरों से घसीटते हुए
अपनी प्रयोगशालाओं की ओर ले जा रहे हैं
वे चीख रही हैं . . .
चिल्ला रही हैं पेट के बल
फिर भी वे ले जायी जा रही हैं

उनके चेहरों की नाप लेते ख़ुश है वह
कि अच्छा हुआ दिमाग़ नहीं बढ़ा इनका

चेहरे लंबे-गोल, छोटे-बड़े हैं
वह चाहता है
सभी चेहरे हों एक जैसे
एक साथ मुस्कुराएँ
और सिर्फ़ मुस्कुराएँ

अनुपम सिंह

अब मुखौटों को चेहरों पर ठोक रहा है . . .
ठोके ही जा रहा है
ठक-ठक लगातार . . .

वे चिल्ला रही हैं
हम औरतें हैं!
मुखौटे नहीं!

जवान होती लड़कियाँ

लड़कियाँ बड़ी हो रही थीं
अपने छोटे-से गाँव में

छोटी अभी ज़्यादा छोटी थीं
जो बड़ी थीं
वे ब्याह दी गयी थीं सही-सलामत

इस तरह हम ही लड़कियाँ थीं
जिनकी उम्र बारह-तेरह की थी
हम सड़कों की बजाय
मेड़ों के रास्ते आतीं-जातीं
चलती कम
उड़ती हुईं अधिक दिखतीं

शादी-ब्याह में
हम बूढ़ी अधेड़ उम्र की
औरतों से अलग बैठतीं
और अपने ज़माने के गीत गातीं
हमारी हँसी गाँव में भनभनाहट की तरह फैल जाती

गाँव के छोटे भूगोल में
जीवन के विस्तार का समय था
हम अपनी देह और अनुभवों के भार से
एक साथ झुककर चलना सीख रही थीं
कभी तो जीवन को
हरे चने के खटलुसपन से भर देतीं

तो कभी माँ की बातों से उकताकर
आधे पेट ही सो जातीं

हम उड़ना भूलकर
भीड़ में बैठना सीख रही थीं
भीड़ से उठतीं तो कनखियों से
एक दूसरे को पीछे देखने के लिए कहतीं
जब कभी हमारे कपड़ों में
ख़ून का दाग़ लग जाता
तो देह के भीतर से लपटें उठतीं
चेहरे पर राख बन फैल जातीं
हम दाग़दार चेहरे वाली लड़कियाँ
उम्र के कच्चेपन में सामूहिक प्रार्थनाएँ करतीं
हे ईश्वर . . .

हम लड़कियाँ प्रार्थनाएँ करती हुई
जवान हो रही थीं

लड़कियाँ जवान हो रही थीं
उनके हिस्से की धूप हवा रात
और रोशनियाँ कम हो रही थीं
हम बाग़ में नहीं दिखतीं
गिट्टियाँ खेलते हुए भी नहीं
घरों के पिछवाड़े
लप्प-झप्प में
एक दूसरे से मिल लेतीं

दीवार से चिपककर ऐसे बतियातीं

जैसे लड़कियाँ नहीं छिपकलियाँ हों हम
बड़ों के चले जाने पर
बूढ़ी औरतें चौखट पर बैठ
हमारी रखवाली करतीं

किसी राजकुमार के इंतिज़ार
और अनिवार्य हताशा में
हरे कटे पेड़ की तरह उदास होती
हम लड़कियाँ जवान हो रही थीं।

अनुपम सिंह

राष्ट्रीय सूतक

एक पूरा गाँव क़त्ल किया गया है
पूरा देश ही सूतक में है
लाशें बिखेर दी गयी हैं
सड़क के दायीं ओर
कौन रोये किसके लिए
जब कोई बचा ही नहीं है

ससुराल से लौटी हैं बेटियाँ
सिर मुंडा तर्पण दे रही हैं
पिताओं को
रसदार पेड़ों में घंट बंधे हैं
मातम में डूबी हाड़ियों में
झलझलाती हैं पिताओं की डबडबायी आँख
चिल्लाकर घंट फोड़ देना चाहती हैं बेटियाँ

मातम में डूबा है पूरा बाग़
मरी हुई माँएँ दुधमुँहे बच्चे
छाती से चिपटाये
रात भर रोती हैं पेड़ों की ओट से
तालाबों में उलटी उतरायी हैं चारपाइयाँ
पिताओं और भाइयों की
दाग़ लिये हैं बेटियाँ
उनके चेहरे से मिट गये हैं भाव सारे

खपरैलों पर रोती बिल्लियाँ
मुँह में दबाये अपने बच्चों को

किसी और दिशा को जा रही हैं
खलिहानों में कुत्ते और
खेतों में स्यारिनों का मातम है
फिर भी टूटता नहीं इस रात का सन्नाटा

सुबह-सुबह घाटों पर बिखलती
सिसकती डरी हुई हैं बेटियाँ
सूख रहे ख़ून पर क़त्ली बूटों की छाप
दूर तक दिखायी देती है

बंद कमरे में अकुलाहट है
बाहर डर से फूलती है साँस
किस तरफ़ देखूँ
कम हो आँखों की जलन
किस तरफ़ देखूँ
कि आँखों का होना ज़रूरी लगे

उठ रहा है आग का बवंडर
इस छोर से उस छोर तक
फैल रही है आग
पानी में उठ रही हैं तेज भँवरें
एक भरी पूरी नाव डूब रही है
जबकि मैंने धारण किया है गर्भ
मेरी छातियों में दूध उतरा है
मृत्यु की खुरदुरी जीभ चाटती है
दूध भरी छातियाँ मेरी

किस गोद में छुपाऊँ अपने बच्चों को

अनुपम सिंह

चीख़ें न पहुँचें इनके मुलायम कानों तक
बिस्तर पर किस ओर सुलाऊँ
हर ओर जाल-सी बिछी हैं
उनकी घाती इच्छाएँ
उनकी आँखों के गड्ढों में ख़ून भरा है

बहनें जो उम्र में बेटियों-सी थीं
बेटियाँ जो बिन माँओं की थीं
जो हवाओं के मुक़ाबले तेज़ थीं
गड़ती हैं क़ल्ली आँखों में रेत-सी
उनकी पीठ के नीचे बिछाए गये हैं
बिजली के नंगे तार
वे डूब रही हैं ख़ून भरे गड्ढों में

हर ओर चल रहा है सरकारी विज्ञापन
'वियाग्रा' की गोलियों पर
कुछ औरतें ललचायी हुई हैं
कर रही हैं ज़ख़्मी एक दूसरे की पीठ को
वियाग्रा के नशे में पूरा देश डूबा है
पूरा देश ही अनचाहे की पैदाइश है!

धरती पर हज़ार चीजें थीं काली और ख़ूबसूरत

उनके मुँह का स्वाद
मेरा ही रंग देख बिगड़ता था
वे मुझे अपने दरवाजे से ऐसे पुकारते
जैसे किसी अनहोनी को पुकार रहे हों

उनके हज़ार मुहावरे मुँह चिढ़ाते थे
काली करतूतें काली दाल काला दिल
काले कारनामे

बिल्लियों के बहाने से दी गयी गालियाँ सुन
मैं ख़ुद को बिसूरती जाती थी
और अकेले में छिपकर रोती थी

पहली बार जब मेरे प्रेम की ख़बरें उड़ीं
तो माँ ओरहन लेकर गयी
उन्होंने झिड़क दिया उसे
कि मेरे बेटे को यही मिली हैं प्रेम करने को
मुझे प्रेम में बदनाम होने से अधिक
यह बात खल गयी थी

उन्होंने कच्ची पेंसिलों-सा
तोड़ दिया था मेरे प्रेम करने का पहला विश्वास
मैंने मन्नतें उस चौखट पर माँगी
जहाँ पहले ही नहीं था इंसाफ़

कई-कई फिल्मों के दृश्य

अनुपम सिंह

जिसमें फिल्मायी गयी थीं काली लड़कियाँ
सिर्फ मज़ाक़ बनाने के लिए
अभी भी भर आँख देख नहीं पाती हूँ

तस्वीर खिंचाती हूँ
तो बचपन की कोई बात अनमना कर जाती है
सोचती हूँ
कितनी जल्दी बाहर निकल जाऊँ दृश्य से

काला कपड़ा तो जिद्द में पहनना शुरू किया था
हाथ जोड़ लेते पिता
बिटिया! मत पहना करो काली कमीज

वैसे तो काजल और बिंदी यही दो श्रृंगार प्रिय थे
अब लगता है कि काजल भी ज़िद का ही भरा है
उनको कई दफे यह कहते सुना था
कि काजल फबता नहीं तुम पर

देवी देवताओं और सज्जनों ने मिलकर
कई बार तोड़ा मुझे
मैं थी उस टूटे पत्ते-सी
जिससे जड़ें फूटती हैं।

कमलजीत चौधरी

कविता संग्रह *हिन्दी का नमक* प्रकाशित। जम्मू-कश्मीर के प्रमुख समकालीन कवियों की कविताओं के संकलन *मुझे आई.डी.कार्ड दिलाओ* का संपादन। कविताएँ मराठी, ओड़िया और बांग्ला में अनूदित।

तिनके

तलवार टूट
तुम्हारे हाथ से छूट
चुकी है
रथ के पहिये को तुमने पहले ही
गँवा दिया है
इतिहास जब झूठा पड़ेगा
तुम्हें तिनकों का सहारा लेना पड़ेगा

जिनको
तुम तिनका समझ रहे हो
उनको
मैं इकट्ठा कर रहा हूँ
तिलीभर की देरी में
ये आग में बदल जायेंगे

इस आग को मुट्ठियों में डालो
नाखूनों में घी डाल दिया बालो ...

इस बार हमारे शत्रु कोई कौरव नहीं
घात लगाए बैठे कातिया के चितकबरे हैं
हम रणक्षेत्र में नहीं जंगल में फँसे हैं –

मेरी पीठ की आड़ मत लो
आओ मेरा हाथ बँटाओ
तिनके इकट्ठे करो।

कमलजीत चौधरी

तुम आती हो

तुम आती हो
छत पर
टाँग जाती हो
रस्सी पर
फूल रंग और समय
गीले कपड़ों के साथ

मैं तितली हो जाता हूँ

एक बच्चा मुझे
सारे पन्नों पर छाप लेना चाहता है ...

तुम आती हो
छत पर
उतार ले जाती हो
रस्सी से
फूल रंग और समय
सूखे कपड़ों के साथ

मैं मैं हो जाता हूँ

यह बूढ़ी दुनिया मुझे
सारे कोनों छितरों से मिटा देना चाहती है ...

पंक्ति में खड़ा आख़िरी आदमी

वह
खड़ा है पीछे
राशन की कतार में
वह खड़ा है पीछे
टिकट खिड़की के सामने
वह खड़ा है पीछे
खंभे के
सूट बूट वाले बंदे के

भूख से लड़ा
वह पंक्ति में खड़ा
आख़िरी आदमी
किसी के पहला होने का
पहला और आख़िरी कारण है –

वह बेकार है न कायर है
दुनिया की गति का टायर है

वह पंक्ति में खड़ा आख़िरी आदमी।

कमलजीत चौधरी

आँख

शिक्षा के कारखाने में
जहां मैं नौकरी करता हूँ
तीन घंटों के युद्ध हेतु
जूते बनाये जा रहे हैं
जूते जो रोज़गार तलाशते
सीढ़ियाँ चढ़ते
घिस जायेंगे
उधड़ जायेंगे
मरम्मत के अभाव में
सड़क बीच टूट जायेंगे
तलवों से छूट जायेंगे
वैसे भी दुनिया जूतों से साफ़ नहीं होती
मैं समझता हूँ
जूतों से कारगर है झाड़ू
झाड़ू से कारगर है पेड़
पेड़ से बेहतर है खिड़की
खिड़की से बेहतर है आँख
आँख –
जो मैली न हो
जिसमें मोतियाबिंद न हो
जो सोते महल
जागती झोपड़ी
बंदूक की मक्खी
हल की हत्थी में फर्क जान सके
जो सूरज को पीठ पर लाद कर
कमायी हुई रोटी

और मखमली चाँदनी तले हस्ताक्षर कर
लूटी हुई दौलत में
अंतर भेद सके
कारण छेद सके . . .
आँख ही होगी
सबसे बड़ा हथियार
उस युद्ध के लिए
युद्ध जो पैरों के लिए लड़ा जायेगा
युद्ध जो परों के लिए लड़ा जायेगा
युद्ध जो मछली के लिए लड़ा जायेगा
युद्ध जो परों और पैरों का
बेपरों और बेपैरों से होगा –
युद्ध वह अंतिम और निर्णायक होगा
जो जूतों की जगह आँख बनायेगा
वही सच्चा नायक होगा

कविता कादम्बरी

बिहार में जन्म। इलाहाबाद विश्वविद्यालय से स्नातक, बी.एड. और परास्नातक। काशी हिन्दू विश्वविद्यालय से एम.एड व शिक्षाशास्त्र विषय में शोध। दक्षिण बिहार केंद्रीय विश्वविद्यालय के शिक्षापीठ में शिक्षण।

मुहावरे

एक

चलते-चलते चप्पलों का घिस जाना एक मुहावरा है
जो लागू नहीं होता उन पाँवों पर
जिनमें चप्पलें नहीं हैं
हैं बस बिवाइयाँ
जो घिसती नहीं हैं
बस रिसती हैं।

दो

खिचड़ी का पकना भी एक मुहावरा है
जो लागू नहीं होता उन घरों पर
जहाँ दाल-चावल कभी एक साथ नहीं जुटता है
पकती-गलती है देह
किसी और की थाली के लिए।

तीन

गज़ भर की छाती होना भी एक मुहावरा है
जो लागू नहीं होता उन छातियों पर
जिनमें बिन बारादरी वाले बेहद तंग और अँधेरे दिल बसते हैं
जिनमें नहीं रह सकते दो भाई भी एक साथ
पड़ोसी की फिर बात ही क्या।

कविता कादम्बरी

चार

सीने पर मूँग दलना भी एक मुहावरा है
जो लागू नहीं होता उन सीनों पर
जो सालों की दलन के बाद भी नहीं हुए हैं चाक
जिनके पेट पर अभी भी बैठा है लोढ़ा लिए एक भूत
और पीठ पर गहरे घावों के बावजूद
जिन्हें करवट बदलने का ख़याल तक नहीं है।

पाँच

जल में रहकर मगर से बैर करना भी एक मुहावरा है
जो लागू नहीं होता है उन मछलियों पर
जिन्होंने खोल दिया है मोर्चा
अपने घर पर हुए मगरमच्छ के क़ब्ज़े के ख़िलाफ़।

देवताओं के बरअक्स मनुष्य से प्रेम

बाज़ार में बहुत चेहरे हैं देवताओं के—ढोते हुए नकली शाश्वत मुस्कान
जबकि मनुष्यों के चेहरे कुम्हला जाते हैं
अनगिनत पाँवों की रिसती बिवाइयाँ देखकर
मैंने छुई हैं देवताओं की मरमर-सी तराशी हुई कठोर भुजाएँ—
हथियारों से सुसज्जित मगर जड़
जबकि मनुष्य अपने हथियारविहीन हाथ हवा में लहराता है
अत्याचारी तोपों के ख़िलाफ़
मैंने देवताओं के चिर युवा चेहरों को बेहद क़रीब से देखा है
गलतियाँ न करने के मद से भरे—
पूरे ब्रह्मांड की रौशनी
अपने आभामंडल में लेकर घूमते हुए
जबकि मनुष्यों के चेहरे
ग़लतियों की रेखाओं से भरे हुए
हो जाते हैं बूढ़े
और अपराधबोध और प्रायश्चित में कांतिहीन
मैंने देवताओं को देखा है चढ़ावों पर गदगद होते हुए
जबकि मनुष्य भूख से बिलबिलाते हुए भी
मुफ़्तख़ोरी से भरी कोठार ठोकर से लुढ़का देता है
मैंने देवताओं को देखा है अमर
मगर अन्याय के लिए आँखें मूँद
आराम-शैय्या पर लेटे हुए निस्पृह
जबकि मनुष्य मौत की संभावनाओं के बाद भी संघर्ष में कूद पड़ता है
मैंने देवताओं को देखा है अभंग मगर प्रेम से दूर
स्तुति से प्रसन्न हो करते हुए कृपा
जबकि मनुष्य टूट जाने की नियति
और दुत्कारे जाने की आशंका देखकर भी

कविता कादम्बरी

बिखरने तक करता है प्रेम
आज के समय में जबकि मनुष्य होना एक मिथक है
देवताओं से घिरी हुई मैं
उन्हें मनुष्य हो जाने को घुड़कती हूँ
उनकी उपेक्षा करते हुए
एक मनुष्य से करती हूँ प्रेम
और उसके देवता हो जाने की कल्पना मात्र से
डरती हूँ,
बेहद डरती हूँ।

ऊपरवाला

उनकी हवस बढ़ी तो उन्होंने पत्थर गढ़
ऊपर वाले की जयकार की
ख़ुद लिखा और कहा
कि ऊपरवाले ने लिखा है
ख़ुद बोला और कहा
कि महान ऊपरवाला बोलता है
हमारी स्त्रियों को हथिया लिया और कहा
कि ऊपर वाले की सेवा में
हमारी ज़मीनें क़ब्ज़ा लीं और कहा
कि ऊपर वाले का न्याय है
भूखे की आख़िरी रोटी भी माँग ली और कहा
कि ऊपर वाले के लिए दो
जनमने पर दुनिया में आने का कर वसूला और कहा
कि ऊपर वाला रास्ता देता है
मर जाने पर कफ़न पर उगाही की और कहा
कि ऊपर वाला मोक्ष देगा
वे जादूगरों की तरह
प्रारब्ध की कहानी सुनाकर
हाथ की सफ़ाई करते हुए
हमारे हक़ की रोटी अपनी थाली में सरकाते रहे
और हमने इस चमत्कार पर भी तालियाँ बजाईं
उन्होंने अनाज अपने गोदाम में भरे और भूख को दुधारू गाय
और उसकी लात को स्वर्ग की चाभी बता
हमारी चौखट पर बाँध दिया
ठग शक्ल से पहचान ही लिए जाएँ तो ठग कैसे
हम ज़हरख़ुरानी के शिकार की तरह

कविता कादम्बरी

धुँधले चेहरों में ऊपर वाले को खोजते रहे
जो उनके अफ़ीम के खेतों में खड़ा बिजूका भर है
जो उनका ज़िरहबख़्तर है
जिस पर न्याय की हर तलवार टूट जाती है
और आख़िरकार
जो उनकी जूती है
उखड़ जाए तो कीलें ठुकवा दी जाती हैं
काटने लगे तो तेल पिला दिया जाता है
और काम न आये तो बदल दिया जाता है
हमारी गर्दन, उस पर उनकी जूती और उस जूती में उनके पाँव की पहेली में
ऊपर वाला कौन है यह बूझना इतना कठिन तो नहीं था।

मछली के पंख

मैं बाज़ नहीं
मछली पैदा हुई
तैरने का बेमिसाल हुनर लेकर
हिक़ारती नज़रों ने कहा
मुझे नहीं आता उड़ना
मैं नहीं देखती आकाश
मेरी बेहतरी के लिए
मेरे फ़िनों पर बाँध दिये
पत्थर के बड़े
और नक़्क़ाशीदार पंख
मैं आकाश देखते हुए
पानी में ही दबोची गयी
और भी आसानी से।

श्रुति कुशवाहा

पत्रकारिता में स्नातकोत्तर। एक कविता संग्रह *कशमकश* प्रकाशित, जिस पर वर्ष 2016 का वागीश्वरी पुरस्कार। अनेक न्यूज़ चैनलों में कार्य करने के बाद भोपाल में स्वतंत्र पत्रकारिता एवं लेखन।

हम बच तो जायेंगे लेकिन कितना बच पायेंगे?

कितना बचेगा
धरती पर धैर्य
और थाली में अनाज
थाली पीटने के काम आयेगी
या रोटी परोसने के ?
दीये का प्रकाश
घर में करेगा उजियारा
या फैलाएगा मूढ़ता का अँधकार
एक साथ रोशन दीये
जला पायेंगे लाचारियाँ ?
जीवन में क्या बचेगा
प्रेम या प्रश्न
प्रश्नों की सूली चढ़ा प्रेम
कितनी साँसें ले पायेगा
प्रेमविहीन जीवन
कितना जीवन होगा ?
बचने के बाद
क्या बच पाएगी
रीढ़ की हड्डी
गर्दन में लचक
क्या सिर उठाने की ताक़त बच पाएगी
हमारे बच जाने के बाद . . .

श्रुति कुशवाहा

यह समय

वो जाता तो लौटकर बिल्कुल न आता
जो लौटता तो हमेशा अलहदा होता
समय को जाने की बुरी आदत है
दुनिया के तानाशाहो
समय तो तुम्हारा भी जायेगा
फिर जो लौटकर आयेगा
वो बिल्कुल नहीं होगा तुम्हारा
इसलिए समय रहते संभल जाओ
संभल जाओ कि जो उँगली उट्ठी है तुम्हारी
उसके गिरने तक बदल जायेगा समय
तुम एक समय में एक ही तलवार
दो बार नहीं चला सकते
अगली बार बदल सकती है तलवार और गर्दन
समय बदलेगा तो बदलेंगे तख़्त
समय बदलेगा तो होगा सख़्त
समय काठ की पुतली नहीं
वो किसी इशारे नहीं नाचता
समय को नहीं दी जा सकती रिश्वत
समय कष्ट भले हो, भ्रष्ट नहीं है
समय मुट्ठी में नहीं समाता
न ही जेब में
ओ दुनिया के तानाशाहो
समय रहते संभल जाओ
समय ने अपना वारिस चुन रखा होता है।

सच बोलती है कविता

इस संसार में जब तक नदियाँ हैं
तब तक पाप है
नदियों में पाप धोये जाते रहेंगे अनवरत
इस धरती पर जब तक पर्वत हैं
तब तक विश्वास है
विश्वासघात अक्सर पर्वतों से भारी होते हैं
इस सृष्टि में जब तक प्रेम है
तब तक पीड़ा है
प्रेम अब आनंद की बजाय पीड़ा से अधिक मोहित है
इस लोक में जब तक आस्था है
तब तक ईश्वर है
आस्था के नाम पर ईश्वर अब मानव के विरुद्ध खड़ा है
ये नकार की कविता नहीं है
असल में ये
पवित्रता का अनुवाद है
आपकी भाषा की पवित्रता
कविता तक आते-आते
अब कुछ यूं अनुदित हो चुकी है
कविता ने अभी सच बोलना नहीं छोड़ा है . . .
लिखने को तो . . .
लिखने को तो लिख सकती थी कड़ी धूप को छाँव
लहर को नाव
डगर को पाँव
सफर को ठाँव
लिखने को तो लिख सकती थी तिमिर घटा है
भेद मिटा है

श्रुति कुशवाहा

दर्द बंटा है
नयी छटा है
लिखने को तो लिख सकती थी फूल खिले हैं
दीप जले हैं
साथ चले हैं
सभी भले हैं
लिखने को तो लिख सकती थी आकाओं ने काम किया है
सबका एक मुक़ाम किया है
दुनियाभर में नाम किया है
हमने उन्हें सलाम किया है
लेकिन लिखने भर से क्या सब सच हो जाता . . .

स्त्रीविहीन

स्त्री ने आसमान निहारा
समंदर तलाशा
पर्वत नापे
गुफाएँ खोजीं
जंगल छाने
लेकिन उसके लिए
कहीं कोई जगह नहीं थी
स्त्री ने दफ़्तर, बाज़ार
रेलवे स्टेशन, अस्पताल
नदी, पुल, दुकानें
गौशाला, तबेला
और सारी सड़कें भी देख ली
लेकिन कहीं भी
कोई जगह नहीं मिली
अपने घर से तो
सदा ही निर्वासित रही स्त्रियाँ
किसी भी देश ने
स्त्रियों को कभी
स्थायी निवासी का प्रमाण पत्र नहीं दिया
सभी धर्मस्थलों के मूल में बद्ध था
स्त्री नर्क का द्वार है
थककर स्त्री
अपनी कोख में भी झाँक आयी
लेकिन वहां भी वो अवांछित ही थी
आखिरकार एक दिन

श्रुति कुशवाहा

ये धरती स्त्रीविहीन हो गयी
अब सब कविताओं में तलाशते हैं स्त्री
स्त्री किताबों में चैन की नींद सो रही है . . .

सतीश छिम्पा

स्नातकोत्तर (हिन्दी साहित्य) और बीएड की पढ़ाई। हिन्दी के साथ राजस्थानी में भी सक्रिय। विभिन्न पत्र-पत्रिकाओं में कविताएँ प्रकाशित। कविताओं के साथ कहानियों का भी लेखन।

❁

एक लड़की

एक लड़की
सो रही है मेरे भीतर
गहरी नींद में
रात तक के लिए।
वह –
उठ जायेगी
आधी रात को
मेरे भीतर
कुछ सपनों
कुछ यादों के साथ।
तब –
मैं सो जाऊँगा
और
लड़की पढ़ेगी
पाब्लो नेरुदा की कविताएँ
जो लिखी थीं उसने
हमारे लिए ही
चिली के पहाड़ों पर बैठकर।
यादें खेलेंगी आँगन में
और सपने
सो जायेंगे
ठंडे पड़े
चूल्हे के पास।

सतीश छिम्पा

इस अँधेरे में

रात गहरी है
ख़ामोश।
तुम आओगी तो दिखाऊँगा तुम्हें
अँधेरे के
जादुई तमाशे।
तुम्हारे सुनहरे बालों में टांक दूँगा
रात का स्याहपन
और –
माथे को हल्के से चूम
उतार दूँगा
रात की ठंडी गहराइयों में
तुम्हारी देह की ख़ुशबू से
भू-मंडल को
नहला दूँगा
घोल दूँगा तुम्हें
रात के इस अँधेरे में
अपनी देह के साथ।

बुल्लेशाह

सदियाँ गुज़र गयीं
तब कहीं
आज उतारा धरती पर
बुल्लेशाह
टहला मेरे भीतर
गुनगुनाता क़ाफ़िया
रच दी
कुछ और नज़्में
मैं देखता एकटक
अपलक आभा!
आँखों में बस गया
आभे का विस्तार
संग रमता थार
प्यार
अपार!

सतीश छिम्पा

प्रीत के शब्द

शब्द –
जहां थक जाते हैं
हारते हैं
एक
सन्नाटा!
निःशब्द
मैं पसर जाता चहुँदिश।

बातें –
फिर भी होतीं
आँखों की भाषा
प्रीत के शब्दों में।

तुम्हारे लिए...

तुम्हें धरती नहीं होना
या मैं नहीं लिखूँगा कि तुम धरती हो
या मैं उड़ता हुआ बादल
ये प्रतीक कितने बासी हैं न
जैसे प्रेम को जीवन बता देना या जीवन को तुम्हारा नाम दे देना
नहीं
मैं तुम्हारे लिए किसी चले आ रहे शब्द को नहीं लूँगा
जब भी हम मिलेंगे
मैं तुम्हारी कमर के सितार को सहलाकर कंधों की झनझनाहट को उल्लास का नाम दूँगा
या जब तुम बैठी होगी मैं तुम्हारी गर्दन पर अँगुली से फूल बनाऊँगा
और भीतर उठ रहे भावों के ज्वालामुखी को उत्सव का नाम दूँगा
नहीं प्रिये
मैं तुम्हारे या प्यार के लिए किसी पुराने घिसट चुके बिम्ब का प्रयोग नहीं करूँगा
मैं लिखूँगा
जब तुम नहीं होती या रात का लंबा सफ़र मुझ अकेले को काटना होता है तब तुम्हारी
बगलों की बर्फ़ बहुत याद आती है
या रात के अंतिम पहर में जब शहर आधा जगा हुआ होता है
मुझे तुम्हारी पगथलियों में उमड़ आये समूची देह के भँवर को चूम लेना अच्छा लगता है
तुम जब दरख़्तों की टहनियाँ सहलाती हो
तुम्हारी अधखुली मुट्ठियाँ मुझे खुम्बियों की तरह लगती हैं
जिनकी बुनघट इतनी कोमल होती है जैसे अंगुली छुआई और एक परत झड़ गयी
सच तुम इस मौजूदा दुनिया का पहला और अंतिम अनछुआ शब्द हो
जिसे मैं अपनी ज़बान से गा लेना चाहता हूँ